NUESTRA HERMOSA FAMILIA
OUR BEAUTIFUL FAMILY

WRITTEN BY
AYOKU JOSEPH

ILLUSTRATED BY
MEDIE BIG

Copyright © 2023 Ayoku Joseph
All rights reserved.

para mi querida amiga y profesora
BARBARA

Hi, I'm John
Hola! Soy Juan

Mary is my sister
Maria es mi hermana

We are twins
Nosotros somos mellizos

This is our little sister, Emily

Ella es nuestra hermana menor Emilia

I am their big brother

Yo soy su hermano mayor

And our baby brother, Joseph

Y nuestro hermanito Jose

I am their big sister

Yo soy su hermana mayor

This is our dog, Perdo

Este es nuestro perro Pedro

And this is our cat, Margot

Y esta es nuestra gata Margot

This is our Mother Sophia
Esta es nuestra madre Sofia

I am their daughter
Yo soy su hija

and our father Henry
y nuestro padre Enrique

I am their son
Yo soy su hijo

They are our Parents
Ellos son nuestros padres

I am her nephew
Yo soy su sobrino

This is our Aunt Joanna
Esta es nuestra tia Juana

She is our mother's sister
Ella es la hermana de nuestra madre

I am her niece
Yo soy su sobrina

This is our uncle, Michael
Este es nuestro tio Miguel

He is our father's brother
El es hermano de nuestro padre

I am their nephew
Yo soy su sobrino

This is our Aunt Daniella
Esta es nuestra tía Daniela

She is our father's sister
Ella es la hermana de nuestro padre

I am their niece
Yo soy su sobrina

This is Aunt Daniella's husband, Tade

Este el esposo de nuestra tia Daniela, y se llama Tade

He is our uncle too

El es nuestro tio tambièn

And these are their children
y estos son sus hijos

They are our cousins
Ellos son nuestros primos

This is our grandfather, Anthony
Este es nuestro abuelo, y se llama Antonio

And this is our grandmother, Mary
Y esta es nuestra abuela, se llama Maria

I am their granddaughter
Yo soy su nieta

Our Uncle Michael, our Father and our Aunt Daniella are our grandparents' children

Los hijos de mis abuelos son nuestro Tio miguel, nuestro padre y nuestra tia Daniela

This is our other grandfather, Robert
Este es nuestro otro abuelo, y se llama Roberto

And this is our other grandmother, Lucy
Y esta es nuestra otra abuela, y se llama, Lucia

I am their granddaughter
Yo soy su nieta

Mother and Aunt Joanna are their children

Nuestra madre y nuestra tia Juana son sus hijas

I am their grandson

Yo soy su nieto

This is our beautiful family
Esta es nuestra hermosa familia

Grandfather — Abuelo
Grandmother — Abuela

Uncle — Tio
Aunt — Tia
Uncle — Tio

Cousin — Prima
Cousin — Primo
Cousin — Prima

English	Spanish
Grandmother	Abuela
Grandfather	Abuelo
Father	Padre
Mother	Madre
Aunt	Tia
Baby brother	Hermanito
Sister	Hermana
Dog	Perro
Cat	Gata

Who is in your family? ¿Quienes son tu familia?

A BIG THANK YOU
FOR BUYING OUR BOOK.
WE HOPE YOU ENJOYED READING IT.

MUCHOS GRACIAS
DE COMPRAR ESTE LIBRO.
ESPERO QUE LO HAYA DISFRUTADO

WOULD YOU LIKE A
FREE NARRATED FLIPBOOK?

¿TE GUSTARIA UN FLIPBOOK
NARRADO GRATIS?